Norbert-Bertrand Barbe

SEMIOLOGÍA ESTÉTICA DEL BIEN Y EL MAL

ÍNDICE

"Je l'ai dit, je penche vers la tombe: chagrins, infirmités, misères m'y poussent activement; vous ne pouvez retarder ce grand oeuvre de la nature; abandonnez-moi, je ne suis pas fait pour marcher avec les hommes, je les hais et je les fuis; je les sers cependant, parce que je suis homme moimême, et qu'en les servant je les rêve meilleurs qu'ils ne sont."[1]

---

[1]Alexandre Dumas, *Joseph Balsamo*, Paris, Lévy Frères, 1872, T. IV, "*CIII La loge de la rue Plâtrière*", p. 124. "*Abandonadme, pues, orque no he nacido para caminar con los á quienes aborrezco y de quienes huyo: sin embargo, les sirvo porque tambien yo soy hombre, y porque sirviéndoles los creo mejores que lo que son.*" (*Memorias de un Médico*, Madrid, P. Madoz y A. Sagasti, 1847, T. IX, p. 193)

El Bien

Pondremos de prefacio al presente trabajo el excelente artículo *"Bien"* del *Diccionario de Filosofía* de José Ferrater Mora (Barcelona, Ariel, 1994).

Es notable que desde siempre se haya implementado el principio de predominancia del representante del Bien sobre el representante del Mal en las narraciones, tanto entonces tradicionales como actuales. Así los cuentos y algunas religiones (en particular sumerias y bíblicas) proporcionan un material fundamental para confortar tal planteamiento.

Sin duda se puede acudir, para explicar dicho fenómeno, a los valores estéticos, por ende axiológicos, de la interconexión entre el Bien, lo Bueno y lo Bello, y al consecutivo pensamiento fisiognomónico sobre la identidad entre la Belleza en concreto y los buenos valores (es buena la gente bella, es mala la gente fea). También se evocará la inevitable auto-representación del Yo en la expresión de valores personales de mayor intensidad y mejor justificación que el pensamiento público. Estudiado por Walter Benjamin, esta teorización pre-romántica y romántica de los fenómenos de percepción (véase el debate abierto por Hegel en *Creer y Saber*), remite obligatoriamente a las características narratológicas de la identidad abordadas por Paul Ricoeur en sus obras (en particular en los 3 tomos de *Tiempo y Narración*, v. también *Sí mismo como otro*, 1990, Madrid, Siglo XXI, 1996, note 1 p. 307), cuando plantea que un relato se nos hace más inteligible si se expresa desde la experiencia biográfica del personaje. Dicho de otra forma, es probablemente en el valor de mismisidad (identidad por representaciones sucesivas, es decir reproductibilidad, en el tiempo de un mismo personaje y-o del Yo), más que de ipseidad (identidad consigo mismo, interioridad insecable del Ser), que resida la función normativa de reconocimiento de la acción como positiva o negativa, y sus consecutivos modos de enjuiciamiento por el destinatario. Tomamos ejemplos concretos: la secuencia del desarraigo, el viaje implícitamente iniciático, la prueba y el retorno del héroe de los cuentos, reproduce sin expresarlo los rituales de pasaje de las clases de edad púberes en las sociedades tradicionales.

Los amigos alocados de los protagonistas de las películas amorosas (*Notting Hill*, 1999, Roger Michell), las parejas inadecuadas encontradas antes de hallar a la buena, motivo recurrente de dichas producciones, son la expresión misma primero de este reencuentro, cuando finalmente se da, entre el héroe y su otro Yo, y por otra parte la confirmación que el Yo se define por oposición con comportamientos negativos burlados mediante la figura de *medium* (moderador, medida) y *ejemplum* del personaje principal.

Lo justo es la forma última en que se expresa lo retributivo de la auto-representación del Yo, el cual puede ser colectivo. Así Salomón, imagen del Chakravartin hindú (rey, a la vez juez divino y guerrero), al igual que el rey francés San Luis, o el juez ciego de Bow Street, figura, como los *10 Mandamientos* bíblicos o los numerosos Profetas del *Antiguo Testamento*, ese límite normativo del representante supremo, indefinible porque en última instancia evocador de la misma persona que lo describe. Cuando me planteo frente al problema de la justicia, no veo nada más que mi propio reflejo y no enfrento sino mi propia resolución ante mi caso hipotético. Así lo plantea

Hume en *Investigación sobre los principios de la moral* (1751), lo confirman los trabajos de Kelsen sobre el "*derecho puro*", así como de Marvin Harris (*Jefes, cabecillas y abusones*, Madrid, Alianza, 1993) en sociología, y el análisis de Chomsky sobre los antagonistas norteamericanos a la guerra de Vietnam, que no se plantearon nunca la razón o la validez de esta guerra, sino deploraban la muerte de jóvenes soldados estadounidenses en territorio extranjero, discurso que aparece similar en el actual caso de la segunda guerra del Golfo. Similar pensamiento reductivo sobre Otro es el de Tzvetan Todorov en *La Conquête de l'Amérique - La question de l'Autre* (París, Seuil, 1982-1983), cuando plantea que los americanos fueron conquistados por culpa de su incapacidad a ponerse en el papel del Otro, mientras los europeos, mediante las guerras de religión, sí lo podían hacer.

Por este valor de autodeterminación del discurso del victorioso, las narraciones, nunca o muy raras veces hechas por los perdedores, no encuentran sino que siempre el Bien vence al Mal y el Demonio. Lo vemos en todos los relatos de la Segunda

Guerra Mundial. El enemigo es siempre un salvaje por civilizar. Curiosamente las razones del involucramiento de los E.U. en la Segunda Guerra Mundial, las acciones estadounidenses con la bomba atómica, el maccarthismo, la acción francesa en Argelia, la instauración desde el Primer Mundo de dictadores, siempre se han reescrito desde la posición del dominante. Son reveladoras de eso películas tales: *Hotel Rwanda* (2004) de Terry George, de misma temática que *Un dimanche à Kigali* (2006) de Robert Favreau, así como *El Último Rey de Escocia* de Kevin Macdonald, y *Blood Diamond* de Edgard Zwick, ambas del 2006. La Nicaragua somocista parecía mucho mejor desde la perspectiva estadounidense, como confirma la famosa canción *"Managua is a beautifull town"* de la película *El Tercer Hombre* (1949) de Carol Reed evocada por Sergio Ramírez en su artículo *"Lo que bien amas, permanece"* (*El Nuevo Diario*, 13/6/2002).

Jung, definiendo la perpetua y necesaria victoria del Animus sobre el Anima en la psiquis humana, también remite a este proceso del Yo en su búsqueda de liberación y auto-asumir. El pensamiento del poder de Nietzsche en *Más allá del Bien y el Mal* (1886), teniendo eco en Kelsen y en Jung, evoca esta interdependencia del sistema de supervivencia del Yo para sublimarse, a desventaja de lo que le impide extenderse.

Así, más allá de la pregunta de si el Bien es un valor en sí o un valor relativo (véase los dos tipos de Bien según Aristóteles, *Eth. Nich.*, I 1,

1094 a 18: Bien puro y simple, y el Bien para alguien o por algo, y para los escolásticos que lo siguieron: *bonum simpliciter* o *bonum per se*, y lo *bonum secundum quid, bonum cui, bonum per accidens*), el Bien aparece como un valor sobredeterminado desde la perspectiva del que se lo plantea, el Bien si no aparenta siempre el valor del Bien por y/o para mí, sin embargo siempre se evalúa desde la posición del que lo da o lo recibe, y, por lo menos, del (individuo o sociedad) que lo piensa, conforme las determinaciones previas a dicho pensamiento (véase las diferencias de planteamientos acerca del aborto en Europa, donde se asume el derecho de la mujer y se repudia el del ser no nacido, y en América, donde se afirma como valiosa la existencia en potencia desde el acto de procreación). De ahí sin duda el concepto de "estar bien".

El Mal

Se suele considerar que el Bien no existe sin el Mal, hecho verificable en las religiones maniqueas, como las actuales tres grandes monoteístas, pero no así en las demás religiones, como vemos al revisar las mitologías antiguas (Bernard Teyssèdre, *Naissance du Diable de Babylone aux grottes de la mer Morte*, París, Albin Michel, 1985; Gérald

Messadié, *Histoire générale du Diable*, París, Laffont, 1993). Así en las leyendas grecorromanas, como en el viaje de Ulises, el héroe sufre los ataques de envidia de cada dios específico, el cual nunca representa al Mal absoluto, sino al mal relativo, en proceso de hacerse o crearse en la mente celosa del ser divino. Similar en ello a los mitos es la historia de Job, referida implícitamente al inicio del *Fausto* de Goethe por ese mismo valor de pacto entre dos entidades opuestas pero complementarias que serían Dios y el Diablo. En *A puerta cerrada* es la ausencia de un mal absoluto y la presencia de un mal relativo, psicológico, que perturba los tres protagonistas.

Así, en la mayoría de las religiones, el Mal no se presenta como absoluto, sino determinado por una acción, principio de retribución analizado en el campo económico y jurídico por Hans Kelsen. Así el judío símbolo de la falsa doctrina no se concibe sin la contraparte que lo define y lo hace necesario: la nueva doctrina testamentaria crística; la prohibición bíblica de tener relación con mujer menstruada implica espacios de tiempo (fuera de la menstruación) en que es permitido tener relación con ella, asimismo que instaura (implicando este estatus) al varón (sin periodo de impureza prohibitiva) como dueño del momento de la copulación; la homosexualidad, prohibida todavía hasta hace poco en nuestras sociedades, y todavía en alguna región, era aceptada en el mundo antiguo, prohibido era que el amo al tener relación con un mozo tuviera el papel pasivo, papel pasivo que hoy en día sigue siendo identificado falsamente con el ser homosexual y provoca su prohibición moral en la sociedad machista contemporánea, en cuanto abandono por parte del varón de su papel de mando (véase la opinión común de que son aceptables los homosexuales que no se presentan como afeminados o travestís).

Así podemos aducir que no es el Bien que

necesita del Mal como contraparte para expresarse, sino el Mal que se evoca a través del Bien. Sin medida de lo bueno es probable que lo malo a su vez carezca de medida. Bien hacía entonces Sartre en decir que *"l'enfer, c'est le paradis en creux"*. Los planteamientos sociales previos que limitan el campo de lo prohibido y lo permitido (comer cerdo, copular durante la menstruación, torturan para conocer la verdad y castigar, quemar para redimir, escarificar o estigmatizar para elevar, comer a su enemigo y/o hasta a su tótem como de alguna forma es también el caso en la eucaristía) son los que validan o anulan el valor de maldad de los hechos (pecados o actos prohibidos) en sí. Es conocida la paradoja que hace crimen matar a su prójimo en tiempo de paz, mientras matarlo en tiempo de guerra se vuelve heroico.

Entender el Mal como lo malo implica entender el Bien como lo bueno, conforme nuestro trabajo anterior. Entender el Mal (absoluto por definición) como lo malo (limitado al campo de la experiencia del disgusto y el sufrimiento individual) significa representárselo desde el ámbito de la experimentación. Ahí donde parece que lo malo, como el dolor de la quemadura, se experimenta fuera de cualquier relación a lo bueno, nos damos cuenta que en realidad es por experiencia de lo bueno que puede reconocerse lo malo: la evolución humana se basa teóricamente en la aversión para el sufrimiento y la búsqueda del placer máximo. Así en una sociedad donde el valor de la niñez no se percibe es improbable que se plantee la maldad del trabajo de los niños. Tenemos que habernos apropiado del conocimiento de lo valioso de la época de niñez para nosotros mismos para poder asumir lo intolerable de la situación de los niños trabajadores. Tiene que haber niños no trabajadores para que se de a entender el sufrimiento de los que sí trabajan.

Si la reacción común al ver un accidente es el

mirar, si puede existir *El Mercurio* y si las noticias rojas son el fondo monetario de los noticieros, es que no hay identidad absoluto entre el conocimiento del sufrir propio y el reconocimiento del sufrir ajeno. Por lo cual es en la experimentación de acercamiento a la alteridad que se principia todo bien. Mientras el Mal actúa desde el conocimiento del Bien (hasta el propio dolor repetido adormece el cuerpo y lo vuelve insensible), el Bien aunque en pocas ocasiones (como en la experiencia innata de mamar el pecho materno) no precisa de experiencia previa para encontrarse.

A nivel narratológico, vemos cómo se expresa la vivencia de lo malo, tanto en la literatura como en las películas fantásticas y de horror: es, como planteó Roger Caillois, dentro de una situación ordinaria, que de repente surge lo insospechado, el espanto. De la misma manera, es desde la axiología burguesa que el romanticismo baudelairiano y decadente propició su respuesta de contravalores a las normas preestablecidas.

Por lo cual podemos inducir que, si bien tanto lo bueno (mamar) como lo malo (quemarse) son sentimientos que a lo mejor no necesitan de comparación para implementarse, bueno y malo conociéndose innatamente (sé que me gusta el olor a rosa porque al percibirlo me agrada, sé que me disgusta lo amargo porque sabe feo), en el campo cultural el Bien en cuanto bueno (no en cuanto construcción social) nos aparece como definiéndose desde y por sí mismo, mientras el Mal en cuanto malo (pero también en cuanto objeto social) se expresa siempre referido al Bien. Ejemplos de ello son: el sentimiento placentero que me produce el estar con mi amada. Lo puedo reconocer sin haber sentido anteriormente su ausencia. A la inversa, para poder sufrir su ausencia, tengo que haberla previamente conocida. Es el conocido ejemplo del árbol que cae en la selva sin que nadie supiera de su existencia:

no cae para nadie, es decir, a nadie hará le falta. De lo mismo, es un dato psicológico conocido que alguien que tiene un modelo familiar malo es en incapacidad de darse cuenta, porque precisamente carece de la experiencia de otro modelo alternativo, y es sólo al conocer otros modelos mejores y más favorables que puede identificar las lagunas del suyo propio.

Lo anterior quiere decir, también, entonces, que no hay bien que sea indispensable, pero sí hay males que son constitutivos a la experiencia del bien, conforme el dicho popular: *"No hay mal que por bien no venga"*.

El Mal no se puede desprender sino de valores positivos que nos proveen de su comprensión comparativa: no hay mal que en la mitología antigua haya venido de los dioses mientras éstos no sintieron efectos del celo y la envidia. El pretender conocer el Bien desde sus contravalores (como en el caso citado en nuestro anterior trabajo de los desviantes encontrados en citas a ciegas en las películas románticas estadounidenses) es producto de una sociedad maniquea que define sus valores rodeándolas del alto muro de sus prohibiciones previas (el Mal enmarcando y resaltando los valores previos establecidos por una sociedad: el evocado judío como representante de la falsa religión, Saddam Hussein símbolo de Satanás en *Hot Shots! Part Deux*, 1993, de Jim Abrahams, y *South Park*). Por eso tanto los artistas rococó como los ilustrados, en particular el marqués de Sade, se dedicaron a quebrar este modelo y abrir la vía al reconocimiento no dual, no ambiguo, no pecaminoso, del simple disfrute (Bien absoluto, libre de contraparte basada en prohibiciones: Mal/limitaciones del derecho, por contemplación de contravalores).

A partir de Freud (*Malestar en la cultura*, 1930) y Herbert Marcuse (*Eros y civilización*, 1953), y los ejemplos por nosotros antes propuestos, podemos plantear que el Bien es innato (mamar), y no precisa de contravalores. El Mal, por su parte, siempre proviene de una experimentación (quemarse), remitida a otro estado anterior, de bienestar absoluto. Así va, a nivel genético y biológico, el bebé en su primer llanto, por miedo, frío, y hambre. También el bebé cuando aprende a percibir la irremediable ruptura entre el Yo y el mundo circundante, principio central, perceptivo, de toda la filosofía. Asimismo la experimentación del pequeño en la sociedad animal tanto como humana, donde tiene que enfrentarse a los demás para medir sus propias fuerzas, irlas conociendo y ubicarse caníbalmente en su grupo. La misma idea de la demora y el costo del Bien, implicado desde, en y por un sufrimiento (*Salm.*, 39: "*Yo esperaba con ansia el Señor; él se inclinó y escuchó mi grito./.../ Me puso en la boca un cántico nuevo,.../.../ Yo soy pobre y desgraciado, pero en Señor se cuida de mí; tú eres mi auxilio y mi liberación: Dios mío no tardes."*; *Hebr.*, 12, 1-4: *"Jesús, que, renunciando al gozo inmediato, soportó la cruz, despreciando la ignominia, y ahora está sentado a la derecha del trono de Dios."*; *Luc.*, 12, 49-53: *"Tengo que pasar por un bautismo, ¡y qué angustia hasta que se cumpla!*"), confirma nuestro planteamiento de la situación comparativa del Mal respecto del Bien, y de la exigencia retributiva, en una axiología de limitación, del Bien considerado desde el ámbito del Mal.

El Mal se enmarca en un sistema moral general (el Bien) que lo define.

www.ingramcontent.com/pod-product-compliance
Lightning Source LLC
Chambersburg PA
CBHW051404280526
45784CB00007B/3088